상상하고, 만들고, 공유하라!

즐거운 메이커 놀이 활동

언플러그드

상상하고, 만들고, 공유하라!
즐거운 메이커 놀이 활동

초판 1판 1쇄 발행 2019년 4월 10일
재판 1판 2쇄 발행 2020년 1월 20일

발행인 : 김길수
발행처 : ㈜영진닷컴
등 록 : 2007. 4. 27. 제16-4189호
이메일 : support@youngjin.com
주 소 : (우)08505 서울특별시 금천구 가산디지털2로 123 월드메르디앙벤처센터2차 10층 1016호 ㈜영진닷컴

Copyright ⓒ 2019 by Youngjin.com Inc.
1016, 10F. Worldmerdian Venture Center 2nd, 123, Gasan digital 2-ro, Geumcheon-gu, Seoul, Korea 08505
All rights reserved. No part of this book may be reproduced or transmitted in any form or by any means, electronic or mechanical, including photocopying, recording or by any information storage retrieval system, without permission from Youngjin.com Inc.

ISBN 978-89-314-6017-9

독자님의 의견을 받습니다.
이 책을 구입한 독자님은 영진닷컴의 가장 중요한 비평가이자 조언가입니다. 저희 책의 장점과 문제점이 무엇인지, 어떤 책이 출판되기를 바라는지, 책을 더욱 알차게 꾸밀 수 있는 아이디어가 있으면 팩스나 이메일, 또는 우편으로 연락주시기 바랍니다. 의견을 주실 때에는 책 제목 및 독자님의 성함과 연락처(전화번호나 이메일)를 꼭 남겨 주시기 바랍니다. 독자님의 의견에 대해 바로 답변을 드리고, 또 독자님의 의견을 다음 책에 충분히 반영하도록 늘 노력하겠습니다.

파본이나 잘못된 도서는 구입하신 곳에서 교환해 드립니다.

STAFF
저자 홍지연 | **총괄** 김태경 | **기획** 정소현 | **디자인·편집** 김소연
영업 박준용, 임용수 | **마케팅** 이승희, 김다혜, 김근주, 조민영 | **제작** 황장협 | **인쇄** 제이엠

상상하고, 만들고, 공유하라!

즐거운 메이커 놀이 활동

놀이 활동

✦ 언플러그드 ✦

YoungJin.com Y.
영진닷컴

인사말

메이커 교육이 뜬다!

프랑스의 철학자 앙리 루이 베르그송은 '도구를 이용해 유무형의 산물을 만들어 내는' 인간의 본질을 가리키기 위해 호모파베르라는 용어를 사용했습니다. 흔히들 도구의 인간이라고 표현하기도 하지요. 도구를 만들 줄 안다는 것은 인간이 생각하고, 상상하는 존재이기 때문에 가능한 것입니다. 머릿속에 있는 형상을 현실로 만들어 낼 수 있다는 것은 인간이 가진 잠재력, 창의성의 놀라움을 역설적으로 말해줍니다.

하루가 다르게 빠른 변화를 보이는 격변의 시대에는 어떤 문제에 부딪히더라도 이를 해결할 수 있는 창의력이 무엇보다 중요합니다. 지식을 융합하고, 창의적인 사고력을 바탕으로 아이디어를 만들고, 타인을 위해 무엇인가를 만들고 공유하는 교육, 즉 메이커 교육은 미래사회를 준비해야 하는 우리 학생들에게 반드시 필요한 교육이라 할 수 있습니다.

하지만 처음부터 훌륭한 결과물을 만들어 낼 수는 없습니다. 특히 요즘의 메이커 교육은 SW 교육과 결합하여 3D 프린터를 비롯한 다양한 디지털 기기와 교구를 활용함으로써 굉장히 뛰어난 작품을 만들어 내기도 하지만 한편으로는 이러한 기술을 잘 다루지 못하는 초보자들에게 들어서기조차 부담스러운 장벽으로 작용하기도 합니다. 작고 소소한 것일지라도 어렸을 때 무엇인가 스스로 만들어 보았던 경험, 그리고 그때 얻었던 큰 성취감과 기쁨이 그 아이를 성공적인 메이커로 자라나게 하는 데 큰 영향을 미칠 수 있음을 고려한다면 처음부터 너무 높은 수준의 작품을 만들어 내도록 기대하는 것이 바람직하지 않을 수 있습니다.

따라서 본 책에서는 아주 쉬운 것부터 시작하도록 하였습니다. 처음 메이커 교육을 시작하는 우리 아이들을 위해, 그리고 그들을 지도하는 선생님 또는 부모님들을 위해 주변에서 손쉽게 구하고 다룰 수 있는 재료와 따라 하기 쉬운 간단한 방법들을 단계적으로 제시하였습니다. 이를 바탕으로 후에는 마이크로비트와 같은 디지털 도구를 활용한 메이커로써 거듭날 수 있도록 말입니다.

우리 아이들이 생각하고, 상상하는 인간으로 성장하길 기대합니다. 자기 생각과 상상을 현실로 만들 수 있기를 희망합니다. 만드는 기쁨을 알고, 성취감을 느껴 이 사회의 변화와 혁신을 주도하는 주인공으로 성장하길, 우리의 미래를 바꿀 수 있는 새 시대의 인재가 될 것을 믿습니다.

메이커 교육의 첫걸음으로서 이 책이 그러한 학생들의 앞길에 부디 도움이 되길 기대하며...

2019년 4월

저자 홍지연

저자 프로필

- 🤖 현 초등컴퓨팅교사협회 연구개발팀장
- 🤖 현 초등학교 교사
- 🤖 한국교원대학교 초등컴퓨터교육 대학원 박사과정
- 🤖 교육부 및 과학기술정보통신부 SW교육 강사
- 🤖 교육부 SW교육 원격연수 강사
- 🤖 EBS 이솦 SW교육 강사
- 🤖 **대표 저서 :** 한 권으로 배우는 초등 SW교육,
  이야기와 게임으로 배우는 스크래치,
  학교 수업이 즐거운 엔트리 코딩, WHY? 코딩 워크북 시리즈,
  언플러그드 놀이책 시리즈 1-3권, 소프트웨어 수업백과 외

우리 아이의 즐거운
메이커 놀이 활동

❶ 메이커 교육 이렇게 시작하세요!
메이커 교육의 개념과 필요성, 특징 소개

창의융합형 인재가 이끌어갈 4차 산업혁명 시대! 4차 산업혁명 시대에는 인공지능과 사물인터넷, 로봇, 무인자동차, 가상현실 등 융합을 통한 기술 혁명이 생활의 전반을 지배하는 시대라 할 수 있습니다. 이렇듯 무엇이든 상상한 것을 현실로 만들 수 있는 시대가 되면서 메이커 교육에 대한 관심이 뜨겁습니다.

메이커 교육이란 다양한 제품을 기획하고, 디지털 기기 등과 같은 도구를 활용해 직접 만들어 봄으로써 창의력과 문제해결 능력을 키우는 교육을 의미합니다. 단순히 기술을 따라 하고 익히는 것이 아니라 창의적으로 생각하고 새로운 것을 창조해야 하기 때문에 메이커 교육은 단기간에 한 번 해보는 것으로 끝나지 않습니다. 끊임없이 시도하는 반복 과정을 통해 전문 지식을 습득하고, 새로운 도전을 계속해서 해나가야 합니다.

따라서 어릴 때부터 자신만의 아이디어를 생각하고, 이를 직접 만들어 보는 메이커 활동 경험은 매우 중요합니다. 이때 처음부터 너무 높은 수준의 결과물을 기대하거나 다루기 어려운 디지털 기기를 활용하도록 하는 것은 학생들의 메이커 활동에 대한 흥미를 떨어트릴 수 있으므로 바람직하지 않습니다. 자신의 아이디어를 구현할 수 있는 가장 쉬운 방법과 주변에서 쉽게 구할 수 있는 재료를 활용해 결과물을 완성해보는 경험이 중요합니다.

그런 의미에서 〈즐거운 메이커 놀이 활동〉은 교과와 연계되면서도 주변에서 손쉽게 구할 수 있는 재료와 쉽고 간단한 방법으로 학생들의 메이커 활동 경험을 확장 시키는데 도움을 줍니다. 이런 경험의 확장을 통해 나중에는 학생 스스로 해보고자 하는 자발성과 새로운 것을 창출하고자 하는 능력을 키울 수 있습니다. 가정에서 또는 학교에서도 손쉽게 실천해볼 수 있는 〈즐거운 메이커 놀이 활동〉을 통해 우리 아이들이 행복한 메이커로 자랄 수 있도록 해주세요.

❷ 메이커 놀이를 위한 환경을 제공해주세요!
메이커 활동을 마음껏 할 수 있는 환경, 지도 방법

아이들을 메이커로 키우기 위해서는 무엇이든 만들어 볼 수 있는 환경이 중요합니다. 그래서 요즘은 메이커 스페이스와 같은 공간들이 많이 생기고 있습니다. 메이커 스페이스란 손쉽게 메이커 활동에 참여할 수 있는 각종 장비 등을 갖춘 실험적 제작, 교육, 체험이 가능한 물리적 공간을 말합니다. 또한, 창의 융합 인재의 실천적 활동과 참여자들 간 지식이나 정보를 선순환하여 새로운 가치를 창출하는 혁신적인 공간이기도 하지요.

이미 전 세계에서도 이런 메이커 공간을 마련하고자 하는 움직임들이 활발합니다. 유럽의 경우 ICT 교육의 도구로 메이커 운동에 주목하면서 팹랩(Fablab)이나 해커 스페이스(Hacker Space)와 같은 민간 중심의 특화형 메이커 스페이스들이 확산되고 있습니다. 가까운 일본의 경우도 SW 교육 강화, 백서 발간 및 메이커 페어 개최 등을 통한 메이커 문화 확산에 주력하고 있습니다.

이에 우리나라에서도 공공기관에서 운영하는 무한 상상실, 아이디어 팩토리(Idea Factory) 등 메이커 공간들이 늘어나고 있습니다. 또한, 단위 학교에서의 메이커 교육 활성화를 위해 학교 내 메이커 스페이스를 구축하여 학생들이 활용할 수 있도록 하는 사례도 늘어나고 있지요.

따라서 아이들에게 메이커 놀이를 위한 환경을 제공해주고 싶다면, 제일 먼저 살고 있는 지역이나 학교에 활용할 수 있는 메이커 스페이스가 있는지부터 확인해보는 것이 좋습니다. 그곳에는 다양한 재료와 장비들이 갖추어져 있기 때문에 메이커 활동을 할 수 있는 최적의 조건이라 할 수 있지요. 하지만 주변에 그러한 시설이 없다면 어떻게 하면 좋을까요?

먼저 자녀를 키우는 부모님이라면 집에 자녀가 마음껏 만들고, 부수고, 다시 만들 수 있는 작은 공간을 마련해주는 것이 좋습니다. 다양한 재료와 도구들, 디지털 기기까지 갖춘 메이커 공간이 우리 집에 마련되면 좋겠지만, 모든 것을 다 갖추기란 현실적으로 쉽지 않습니다. 따라서 아이가 자신의 아이디어를 스케치를 할 수 있는 공간과 재활용품과 같이 손쉽게 구할 수 있는 재료부터 놓고 시작해보세요. 자신만의 공간이 있다는 것만으로도 우리 아이들은 그 안에서 많은 일들을 시도할 것입니다. 그리고 하나씩 그 공간에 필요한 재료들을 채워가면 됩니다.

학교에서 아이들과 메이커 활동을 하고 싶은 선생님이라면 교실의 한 공간 또는 학교에 있는 유휴 공간을 활용할 수 있습니다. 학교는 비교적 다양한 재료와 도구를 손쉽게 구할 수 있을 뿐 아니라 SW 교육, 메이커 교육에 대한 관심이 큰 요즘 예산만 마련된다면 학교 한 곳에 메이커 활동을 위한 공간을 마련하여 학생들이 그곳을 활용한 다양한 활동을 하도록 지원할 수 있습니다. 메이커 스페이스가 단순히 뭔가를 만들어 보는 공간을 넘어 함께 공유함으로써 아이디어를 더욱 확장시켜 새로운 가치를 창출하는 곳이 되기 위해서는 많은 학생들이 자유롭게 활용할 수 있는 시스템 역시 마련해야겠지요.

중요한 것은 아이들이 쉽게 접근할 수 있는 곳에 메이커 스페이스와 같은 공간이 있어야 한다는 것입니다. 또한 아이들이 자유롭게 자신의 아이디어를 펼치고, 만들 수 있는 허용적인 분위기를 만들어 주어야 합니다. 그 어떤 것도 뚝딱 만들어 볼 수 있는 마법같은 공간이 주변에 있다면 우리 아이들을 메이커로 키우는데 큰 도움이 될 것입니다.

❸ 이것만은 주의해주세요!
메이커 활동 시 유의점

메이커 활동을 시작했다면 몇 가지 유의할 점이 있습니다.

첫째, 메이커 활동이 단순히 어떤 물건을 만들어 내는 능력을 키우는 것이 목적이 아니라는 점을 명심해야 합니다. 메이커 활동의 본질은 아이들 스스로 문제를 찾고, 이를 해결함으로써 변화를 만들어 내는 경험, 능력을 키우는 것입니다. 끊임없이 시도하는 반복 과정을 통해 전문 지식의 습득은 물론 새로운 도전 속에 새로운 가치 창출을 경험해보는 것이 더 중요합니다.

둘째, 메이커 활동의 주인공은 아이들이어야 합니다. 교사 또는 부모의 역할은 최소화되어야 할 뿐 아니라 아이들의 자발적인 호기심과 동기에 의해 창작 활동이 진행될 수 있도록 도와야 합니다. 훌륭한 결과물을 얻기 위해 교사나 부모의 개입이나 도움이 지나치게 된다면 아이들의 자발성과 창의성은 발휘될 수 없습니다.

셋째, 다양한 재료와 도구를 사용하기 때문에 안전교육 역시 철저하게 이루어져야 합니다. 칼이나 망치, 톱과 같은 도구뿐 아니라 전기 전자 부품 역시 안전사고의 위험이 있을 수 있습니다. 따라서 각 재료나 도구의 특성에 따른 안전교육 역시 병행되어야 하며, 다루기 어렵거나 안전사고의 위험이 있는 활동의 경우 반드시 어른들의 도움이 필요합니다.

목차

5세 이상

내 동생을 위한 장난감

자석의 성질을 이용해서 간단히 북 치는 인형을 만들어 봅시다. 자석 막대를 쓱 움직이기만 해도 신나게 북을 치는 장난감을 만들어 동생에게 선물해보면 어떨까요?

메이커 놀이를 준비해요!

🤖 목표
자석을 활용해 북치는 인형 장난감 만들기

🤖 준비물
동그란 모양의 자석, 아이스크림 막대, 인형 도안(부록) 칼, 풀 등

🤖 주의사항
자석의 N극과 S극 구분하기

🤖 연관 교육과정
3학년 1학기 과학 ▶ 4단원 : 자석의 이용 ▶ 자석을 이용한 장난감 만들기
4학년 미술 ▶ 4단원 : 움직이는 장난감 ▶ 움직이는 장난감 만들기

 이 놀이는

자석의 성질을 활용해 인형이 움직이는 듯한 모습을 표현하는 놀이예요. 자석의 극에 대해 알고, 극의 성질을 이용함으로써 자석에 대해 잘 알 수 있는 과학 놀이이자 원하는 모양의 인형을 만들어 볼 수 있는 교과형 메이커 놀이라고 할 수 있지요.

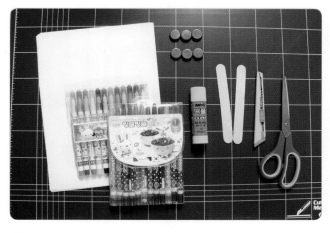

❶ 동그란 모양의 자석, 아이스크림 막대, 인형 도안 (부록), 칼, 풀 등을 준비합니다.

❷ 부록에 있는 도안을 오리거나 나만의 북 치는 사 람 또는 동물의 모습을 그려주세요.

❸ 완성한 그림에 예쁘게 색칠 후 동그란 손 부분이 뚜껑이 열리듯이 열릴 수 있도록 4/5만큼 오려주 세요.

❹ 뒷면 손 부분에 동그란 모양의 자석을 붙여주세요.

5 아이스크림 막대에 마찬가지로 자석을 붙여주세요. 이때 S극과 N극이 서로 교차되도록 붙입니다.

6 완성된 모습입니다. 이제 연주를 시작해보겠습니다.

7 북 치는 인형의 손 모양 뒤로 자석을 붙인 아이스크림 막대를 지나가게 합니다.

8 자석 막대가 지나갈 때마다 손이 들리면서 북 치는 인형의 모습을 볼 수 있습니다. 완성한 인형을 동생에게 선물해보세요.

놀이 Tip!

고무 자석이나 동그란 모양의 자석인 경우 N극과 S극을 구분하기 어려울 수 있어요. 자석을 가까이 했을 때 끌어당긴다면 서로 다른 극, 밀어낸다면 서로 같은 극임을 기억하세요.

메이커 교육이란?

메이커 교육이란 무엇일까요? 메이커 교육이란 사용자가 필요한 것을 직접 설계해 제작하는 과정을 경험하도록 하는 데 중점을 두는 교육을 말합니다. 기존에 잘 알려진 DIY(Do It Yourself) 교육과 비슷해보이지만, 차이가 있습니다. DIY 교육이 단순히 자기에게 필요한 물품 만드는 법을 가르친다면, 메이커 교육은 여기에 사회 시스템을 수정하고 발전시키는 상위 개념을 포함하고 있습니다.[1] 2006년 '스스로 만든 물건을 사람들과 공유하자'며 시작된 미국 메이커 운동에서 시작되었으며, IoT(사물인터넷)·3D 프린터 등 신기술이 폭발적으로 발달하면서 현재 메이커 교육은 주로 소프트웨어(SW) 교육과 함께 활용되고 있습니다. 하지만 처음부터 소프트웨어 교육과 함께 활용하기 어려운 부분들이 있으므로 자신의 아이디어를 만들고, 이를 쉬운 방법으로 스스로 만들어보는 작은 경험에서 시작해보면 어떨까요?

한국·홍콩 학생들이 모여 창작물을 만든 2017 에듀톤 행사 사진[2]

1) 출처 : 조선일보 기사("설계, 제작하며 창의력 쑥쑥", 2017.12.11) 2) 출처 : 초등컴퓨팅교사협회

SECTION
2
5세 이상

나만의 장신구

여러분들이 좋아하는 레고! 레고 블록으로 자동차나 로봇만 만든다고요? 레고 블록의
변신은 무죄! 알록달록 예쁜 귀걸이와 목걸이를 만들어 엄마에게 선물해보면 어떨까요?

메이커 놀이를 준비해요!

🤖 목표
레고 블록을 활용해
나만의 장신구 만들기

🤖 준비물
다양한 종류의 레고 블록, 반지대,
목걸이 줄, 귀걸이 후크, 글루건,
나만의 장신구 디자인 활동지(부록)

🤖 주의사항
집에서 사용하지 않는 귀걸이나 목걸이 재활용하기

🤖 연관 교육과정
3학년 미술 ▶ 5단원 : 나는야, 디자이너 ▶
장신구 디자인하기
5학년 실과 ▶ 4단원 : 생활과 기술 ▶
창의적인 생활용품 만들기

 이 놀이는

다양한 종류의 레고 블록을 활용해 자신이 원하는 모양으로 디자인하여 새로운 가치를 가지는 장신구로 만드는
놀이예요. 익숙한 용도가 아닌 다른 용도로 사용될 가능성을 생각해보는 "다르게 활용하기"라는 사고 방법을 사용
한 메이커 놀이라고 할 수 있어요.

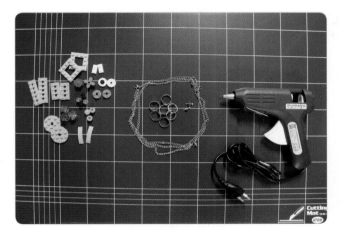

❶ 다양한 종류의 레고 블록, 반지대, 목걸이 줄, 귀
걸이 후크, 글루건을 준비해요.

❷ 레고 블록을 살펴본 후 자신이 원하는 모양의 반
지와 목걸이, 귀걸이를 생각해봅니다.

❸ 생각한 대로 디자인 스케치를 해봅니다.

❹ 반지의 모양대로 블록을 조립했다면 반지대에 글
루건을 이용해 붙입니다.

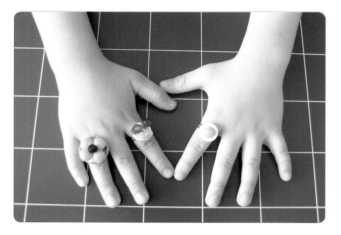

5 반지가 완성되었습니다.

6 이번에는 레고 블록을 이용해 목걸이 팬던트를 만듭니다.

7 낚시줄을 사용하여 목걸이 줄에 팬던트를 연결합니다.

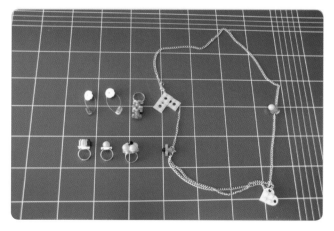

8 글루건, 낚시줄 등을 이용해 원하는 모양의 반지, 목걸이, 귀걸이를 만들어 선물해보세요.

놀이 Tip!

꼭 레고 블록이 아니어도 좋아요! 실로 꿸 수 있는 구슬이나 비즈 공예 재료로도 목걸이를 만들 수 있어요! 집에서 구할 수 있는 재료로 놀이를 시작해보세요!

Special Page

레고 블록으로 무엇이든 상상하는 대로!

레고 블록으로 집도 만들고, 자동차도 만들면서 친구들과 즐겁게 놀던 기억, 누구나 있지요? 신나게 놀 수 있는 장난감도 좋지만, 이 레고 블록을 이용해 생활 속 다양한 소품들을 만들어 직접 사용해 볼 수 있습니다. 매년 구매하지 않아도 만년으로 사용할 수 있는 달력을 만들거나 사진 액자를 만들어 사진을 전시할 수도 있지요. 여러분은 무엇을 또 만들고 싶나요? 여러분만의 상상력으로 세상에 단 하나뿐인 레고 블록 소품을 한 번 만들어 볼까요?

레고 블록으로 만든 다양한 생활 소품

7세 이상

SECTION 3

로봇 팔과 가위바위보 게임하기

로봇 팔과 가위바위보 게임을 할 수 있다면 얼마나 재미있을까요? 빨대와 낚싯줄을 이용해 로봇 팔을 만들어 친구와 함께 가위바위보 게임을 해봅시다.

메이커 놀이를 준비해요!

목표

빨대와 낚싯줄을 활용해 가위바위보 게임하는 로봇 팔 만들기

준비물

종이 박스, 빨대 5개, 굵은 낚싯줄, 글루건, 칼, 자, 이쑤시개 또는 송곳, 네임펜, 가위, 고리

주의사항

칼 사용 시 다치지 않게 조심하기

연관 교육과정

5학년 2학기 과학 ▶ 4단원 : 우리 몸의 구조와 기능 ▶ 우리는 어떻게 움직일 수 있을까요?
6학년 실과 ▶ 4단원 : 생활과 전기전자 ▶ 로봇의 구성과 작동원리

이 놀이는

빨대와 낚싯줄을 이용해 로봇 팔을 만들어 움직여 봄으로써 우리 몸의 뼈, 관절, 힘줄이 움직이는 원리를 알아볼 수 있습니다. 실제 뼈와 관절, 힘줄 등을 대신해서 종이와 빨대, 낚싯줄 등으로 대치하여 새로운 관점에서 바라보는 창의적 사고 기법이면서, 과학과와 연계한 교과 연계형 메이커 놀이라고 할 수 있습니다.

❶ 종이 박스, 빨대 5개, 굵은 낚싯줄, 글루건, 칼, 자, 이쑤시개 또는 송곳, 네임펜, 가위, 고리 등을 준비합니다.

❷ 종이 박스나 하드보드지를 이용해 손가락을 지탱할 수 있는 팔 모양을 디자인하고 칼이나 가위로 잘라냅니다.

❸ 손가락 모양에 어울리는 크기의 빨대 5개를 준비합니다. 그리고 손가락이 접히는 마디와 마디 사이에 구멍을 뚫을 위치를 네임펜으로 표시합니다.

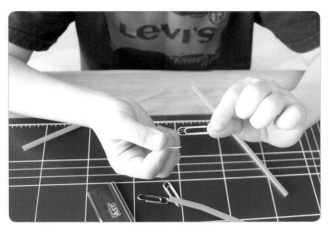

❹ 빨대를 안쪽으로 구부릴 수 있도록 낚싯줄을 빨대 속으로 집어넣습니다. 가장 위쪽 구멍에서 실을 꺼내어 클립을 이용해 낚싯줄을 묶어 고정시킵니다.

❺ 낚싯줄을 잡아당기면서 빨대가 잘 구부러지는지 확인합니다.

❻ 이와 같은 과정으로 빨대 5개를 만들고 낚싯줄을 잡아당기며 작동이 잘 되는지 확인합니다. 그리고 잘 작동이 되면 글루건이나 테이프를 이용해 빨대를 고정시킵니다.

❼ 손가락으로 낚싯줄을 당기면서 가위, 바위, 보 모양을 만들어 봅니다.

❽ 친구와 함께 로봇 팔을 이용해 가위바위보 게임을 합니다.

놀이 Tip!

가장 위쪽 구멍과 낚싯줄을 고정하는 위치가 가까울수록 마지막 손가락 마디가 잘 구부러집니다. 만들기를 하는 과정에서 잘 되지 않는 부분이 있을 때 잘 되는 방법을 찾기 위해 여러 번 다양한 시도를 해보는 자세도 매우 중요합니다.

로봇 팔의 세계

로봇의 종류는 매우 다양합니다. 안드로이드, 휴머노이드처럼 인간의 외형을 그대로 모방하거나 팔다리를 가지고 있는 인간형 로봇이 있는가 하면, 로봇 팔처럼 신체 일부만을 모방한 로봇이나 아예 인간의 모습을 하지 않고 동물이나 곤충의 모습을 한 로봇도 있습니다. 그중에서도 로봇 팔의 가능성에 많은 사람들이 관심을 가지는 까닭은 무엇일까요?

팔은 인간의 여러 활동에 있어 가장 핵심적인 역할을 합니다. 악수로 반가움을 표시하거나 손을 흔드는 등 감정적 의사소통을 수행하기도 하지만, 물건을 집어서 움직이고 여러 도구를 가지고 '일'을 합니다. 바로 '작업(일)'을 '수행'하는 신체 부분이 팔이라고 할 수 있는 것입니다. 인간을 대신해 동작하기 위한 가장 핵심적인 부분이 바로 사람과 동일한 팔 동작이기 때문에 로봇 팔에 대한 관심이 뜨거운 것이지요.

즉, 완벽한 인공지능을 갖춘 로봇이라도 결국 팔이 없다면 그 기능을 제대로 발휘할 수 없습니다. '생각'에만 그치는 로봇이 아니라 그 생각을 바탕으로 사람을 대신해 어떤 일을 수행하려면 팔이 꼭 필요한 것이지요. 여러분은 어떤 일을 하는 로봇팔을 만들어 보고 싶나요? 여러분만의 멋진 로봇팔을 만들어 보세요!

로봇 팔

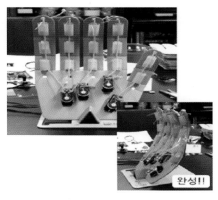

비트 핸드로 만든 로봇 팔의 모습[1]

1) https://www.youtube.com/channel/UCW6HQuTrpV0XjJgiavdHxuA(by 헬로긱스)

SECTION 4 나는야 팝업북 아티스트

7세 이상

크리스마스 때 친구나 가족에게 줄 팝업북 카드를 만들어 본 적이 있나요?
여기에 불이 반짝 반짝 들어오는 멋진 LED 팝업북 카드를 만들어 내 마음을 전해보세요!

메이커 놀이를 준비해요!

목표
LED를 이용해 팝업북 카드 만들기

준비물
두꺼운 색지 여러 장, 카드 봉투(흰색 종이),
전도 테이프, LED, 3V 전지, 색한지,
색연필, 싸인펜, 가위, 풀 등

주의사항
칼이나 가위 사용 시 다치지 않게 조심하기

연관 교육과정
6학년 실과 ▶ 4단원 : 생활과 전기전자 ▶
간단한 전자제품 만들기
6학년 2학기 과학 ▶ 2단원 : 전기의 작용 ▶
전지·전구·전선을 어떻게 연결해야 전구에
불이 켜질까요?

 이 놀이는

LED와 전지, 전도 테이프를 이용해 팝업북을 만드는 놀이예요. LED에 불이 들어오는 원리를 알고, 자신이 원하는
곳에 불이 들어오도록 카드를 디자인하는 과학과 미술을 연계한 교과형 메이커 놀이라고 할 수 있어요.

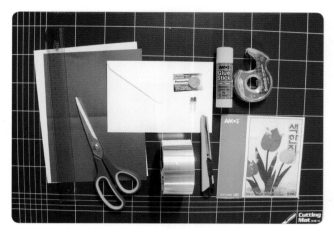

❶ 두꺼운 색지 여러 장, 카드 봉투(흰색 종이), 전도 테이프, LED, 3V 전지, 색한지, 색연필, 싸인펜, 가위, 풀 등을 준비합니다.

❷ 자신이 만들고 싶은 카드의 모습을 디자인합니다. 특히 어디에 LED를 붙여 불이 들어오도록 할 것인지를 잘 생각해봅니다.

❸ LED와 전지의 위치를 잘 생각해 전도 테이프로 LED와 전지를 연결할 길을 만들어 줍니다. 길은 자르지 말고, 구부려서 끝까지 연결합니다. 전지 는 + 면이 위로 향하게 합니다.

전지의 + 면이 위로

−

+

LED 다리 긴 쪽이 +

❹ LED의 양쪽 다리 중 긴 쪽이 +입니다. 위의 그림 처럼 +, −를 고려하여 카드의 겉지 원하는 위치 에 LED를 붙입니다. 이때 양쪽 다리가 전도 테이 프 위에 위치하도록 하되, LED의 양쪽 다리는 잘 구부리고 전도 테이프 위에 딱 붙도록 테이프를 꾹꾹 눌러줍니다.

❺ 전지를 카드의 하단 오른쪽 부분에 위치하도록 붙이고, 카드를 접었을 때 전지와 LED가 연결되도록 해줍니다.

❻ 팝업 형태가 될 수 있도록 카드의 속지 부분을 꾸며줍니다.

*부록의 카드 속지를 사용해도 좋습니다.

❼ LED 카드가 완성되었습니다.

❽ LED 팝업북 카드가 잘 실행되는지 확인합니다.

놀이 Tip!

LED를 전도 테이프를 활용해 전지와 연결할 때 접지가 잘 이루어져야 불이 잘 들어옵니다. 접지가 잘 될 수 있도록 테이프를 꾹꾹 눌러주도록 하고, +와 −극을 구분하여 양쪽 전도 테이프에 연결해주세요.

요리조리 팝업북! 알아보기

책을 펼치면 또 하나의 새로운 세상이 등장하는 팝업북! 이런 팝업북의 시작은 무려 13세기로 거슬러 올라간다고 합니다. 시인인 레이몬드 룰이 처음 팝업북 형태의 학설책을 출간하면서 사람들에게 알려졌습니다. 고정된 두 책장 사이에 회전 원판을 넣은 뒤 원판을 돌리면 특정 글자나 그림이 책장의 잘린 부분으로 보이는 로테이팅 휠 기법을 사용했다고 해요. 그리고 1560년대에 인쇄물 형태의 팝업북이 등장했습니다. 이후에는 놀이를 목적으로 하는 다양한 팝업북들이 만들어지고, 오늘날까지도 많은 사랑을 받고 있지요. 팝업북은 아이들의 호기심과 탐구심을 자극시킬 뿐 아니라 직접 만들어 봄으로써 창의성, 공감각 능력, 연출력, 상상력과 표현력까지도 익힐 수 있다고 하니 교육적 효과만도 대단하지요? 여러분들도 나만의 멋진 팝업북을 만들어 다른 사람들을 즐겁게 해주면 어떨까요?

It's impossible to be gloomy when you're
sitting behind a marshmallow.

SECTION
5

7세 이상

핀볼 게임기 만들기

공이 들어가는 위치에 따라 점수를 얻거나 원하는 골인 지점으로 공을 넣었을 때
그 공을 자기의 것으로 만들 수 있는 핀볼 게임기를 직접 만들어보면 어떨까요?

메이커 놀이를 준비해요!

🤖 **목표**
주사기를 활용한 핀볼 게임기 만들기

🤖 **준비물**
나무판, 망치, 못, 실톱, 두꺼운 골판지,
색깔 핀, 공, 크기가 서로 다른 주사기 각 1개,
스프링, 테이프, 가위, 풀 등

🤖 **주의사항**
톱이나 망치 사용 시 부모님 도움 받기

🤖 **연관 교육과정**
5학년 실과 ▶ 4단원 : 생활과 기술 ▶
창의적인 생활용품 만들기
3학년 미술 ▶ 5단원 : 나는야, 디자이너 ▶
생활용품에서 쓸모와 아름다움 찾기

 이 놀이는

나무판, 핀, 스프링 등을 이용해 핀볼 게임기를 만드는 놀이예요. 핀볼 게임기의 동작 원리를 알고, 공을 튕겨 특정
한 위치로 넣었을 때 점수를 얻을 수 있어 많은 어린이들이 좋아하는 놀이입니다. 과학과 연계한 메이커 놀이이
면서 점수를 계산하며 수학 놀이로 발전시킬 수도 있습니다.

❶ 나무판 여러 개, 망치, 못, 실톱, 두꺼운 골판지, 색깔 핀, 공, 크기가 서로 다른 주사기 각 1개, 스프링, 테이프, 가위, 풀 등을 준비합니다.

❷ 나무판의 세로 길이에 맞춰 옆판 2개를 재단하여 실톱으로 잘라줍니다.

  *실톱이나 망치질이 어렵다면, 튼튼한 종이 상자로 만들어줘도 좋습니다.

❸ 자른 옆판을 직각 삼각형 모양으로 잘라 나무판이 경사면을 가질 수 있도록 합니다. 그리고 그림처럼 망치질하여 나무판 양쪽에 붙여줍니다.

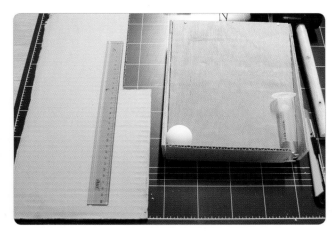

❹ 주사기를 놓을 공간 만큼만 남겨둔 채, 직사각형 모양으로 아래판을 만들어 붙입니다. 이때는 나무가 아닌 두꺼운 종이 상자를 오려 만들어도 좋습니다.

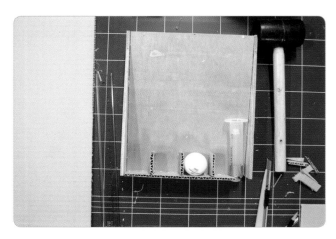

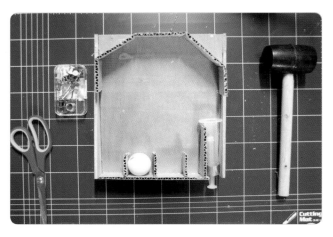

5️⃣ 탁구공이 들어갈 만큼 간격을 벌려 역시 종이 상자로 가림막을 만들어 위의 그림처럼 글루건으로 붙여줍니다.

6️⃣ 공을 튕겼을 때 공이 밖으로 나가지 않도록 위에도 아치 모양의 가림막을 만들어 줍니다.

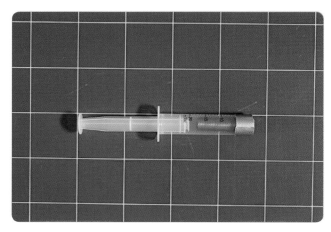

7️⃣ 여러 가지 색깔 핀을 이용해 공이 이리저리 움직일 수 있는 길을 만들어 줍니다.

8️⃣ 큰 주사기에 주사 바늘 구멍 부분을 도려내고, 스프링을 넣습니다.

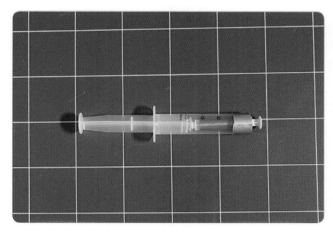

❾ 스프링 속에 작은 주사기를 넣고, 큰 주사기의 속과 작은 주사기의 속을 서로 스프링에 맞대어 글루건으로 붙입니다.

❿ 주사기를 제 위치에 놓고, 주사기 끝을 잡아당겼다 놓으며 핀볼 게임을 해봅니다.

⑪ 공이 들어가는 공간에 점수를 적고, 친구와 함께 점수 내기 게임을 해보세요.

놀이 Tip!

나무판을 구하거나 다루기 힘들다면 종이 상자를 이용해 위와 같은 과정으로 핀볼 게임기를 만들 수 있습니다.
종이 상자로 할 때는 되도록 두껍고 튼튼한 상자를 사용해 만들어야 완성한 핀볼 게임기를 오래 사용할 수 있습니다.

내 마음대로 만드는 DIY 가구

DIY는 'Do it yourself'의 줄임말로 '직접 만든다'라는 뜻입니다. 필요한 가구나 인테리어 소품 등을 직접 만들거나 새로운 것을 창조, 꾸미는 것을 말하지요. 웰빙, 건강, 친환경에 대한 높은 관심이 이 DIY의 장점이 맞물리면서 DIY가 생활 전반에서 인기를 끌고 있습니다.

DIY는 언제부터 시작된 것일까요? 1940년대 세계 2차대전 당시 영국은 인력, 장비, 모든 물자가 부족했는데 '나의 것은 스스로 고쳐 쓰자'라는 사회운동 취지로 시작되었다고 합니다. 좁은 의미로는 창작형 취미(일요 목수, 도예)를 가리키지만 넓은 뜻으로는 가옥의 보수나 정원의 유지 및 관리, 가구 등의 제작에 필요한 상품을 제공하는 일을 말합니다.

우리나라에서도 DIY에 대한 관심이 높아지면서 공방 등에서 직접 가구나 필요한 물건을 만들어 사용하는 사람이 늘고 있습니다. 여러분들도 나만의 향수 만들기나 자개 은반지 만들기, 플라워와 캔들 만들기, 네온사인 만들기 등 1~2시간만 배우면 누구나 쉽게 만들어 사용할 수 있는 DIY 소재에서부터 가구나 가죽과 같이 보다 전문적인 배움이 필요한 DIY 소재도 있지요.

천편일률적으로 똑같은 제품이 아니라 개인의 취향이 중요하게 여겨지는 사회 분위기가 만들어지고, 일종의 취미활동으로서 DIY에 대한 인기가 반영된 결과라고 할 수 있습니다. 여러분들도 핀볼 게임기뿐 아니라 생활에 필요한 물품이나 우리 집 가구를 직접 만들어 보면 어떨까요? 내가 만든 물건으로 우리 집을 만들어 나가는 즐거움! 작지만 큰 행복이 되어 돌아올 거예요!

SECTION 6

3D 프린터 펜으로
만드는 랜드마크

3D 프린터 펜의 원리를 알고, 자신이 만들고 싶은 입체물을 만들어
세계의 유명 도시 랜드마크에 대해 알아보아요!

메이커 놀이를 준비해요!

🤖 목표

3D 프린터 펜을 이용해
랜드마크 만들기

🤖 준비물

3D 프린터 펜, 유리판, 도안(부록),
필라멘트

🤖 주의사항

3D 프린터 펜 사용 시 펜의 입구 부분이
뜨거울 수 있으므로 조심하기

🤖 연관 교육과정

6학년 미술 ▶ 10단원 : 각양각색 지구촌 ▶
건축가의 눈으로(입체 도형으로 만든 건축물)
5학년 미술 ▶ 2단원 : 소통과 디자인 ▶ 디자인과 건축

이 놀이는

3D 프린터 펜으로 랜드마크를 만드는 놀이예요. 3D 프린터 펜의 원리를 알고, 자신이 만들고 싶은 입체물을 만들
어 세계의 유명 도시 랜드마크에 대해 알아볼 수 있는 교과 연계 메이커 놀이라고 할 수 있어요.

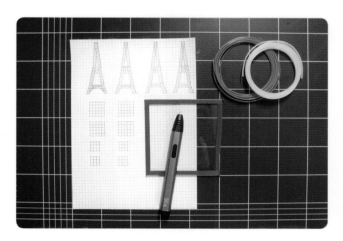

❶ 3D 프린터 펜, 유리판, 도안(부록), 필라멘트 등을 준비합니다.

❷ 자신이 만들고 싶은 랜드마크에 대해 조사하고, 관련 이미지를 찾아봅니다.

*부록에 있는 랜드마크 이미지를 활용해도 좋습니다.

❸ 3D 프린터 펜에 원하는 색깔의 필라멘트를 넣고 전원을 켭니다.

❹ 예열이 완료되면 만들고자 하는 랜드마크의 이미지를 따라 그립니다.

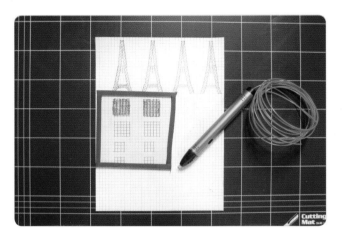
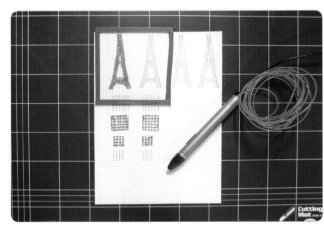

❺ 에펠탑을 완성하기 위해 필요한 각 면을 하나씩 만듭니다.

❻ 색깔을 바꾸려면 다른 색 필라멘트를 넣고 펜에 남아있는 잔여 필라멘트가 모두 배출되도록 합니다.

❼ 각 면을 연결하여 에펠탑을 완성합니다.

놀이 Tip!

처음부터 입체물을 만들기 어려울 수 있습니다. 부록에 있는 2D 도면을 따라 그려 3D 프린터 펜 사용에 익숙해진 후 3D 입체물 만들기에 도전해도 좋습니다.

3D 프린팅의 세계

3D 프린터를 본 적이 있나요? 또는 뉴스에서 3D 프린터로 집을 지었다거나 자동차를 만들었다는 기사를 본 적은 있나요? 3D 프린터는 말 그대로 입체물을 출력하는 장치를 말합니다. 조금 더 어려운 말로 연속적인 계층의 물질을 뿌리면서 3차원 물체를 만들어 내는 제조 기술을 뜻하지요. 3D 프린터는 밀링 또는 절삭이 아닌, 기존 잉크젯 프린터에서 쓰이는 것과 유사한 적층 방식으로 입체물로 제작하는 장치를 말하며, 컴퓨터로 제어되기 때문에 만들 수 있는 형태가 다양하고 다른 제조 기술에 비해 사용하기 쉽습니다. 하지만 현재 기술로는 제작 속도가 매우 느리고 적층 구조로 인해 표면이 매끄럽지 못하다는 점 등이 해결해야 할 문제로 볼 수 있습니다. 3D 프린팅은 제 4차 산업혁명을 이끄는 핵심 기술로 불리며, 산업 전반에 걸쳐 제조 기술의 큰 변화를 가져올 것으로 예상되고 있습니다.

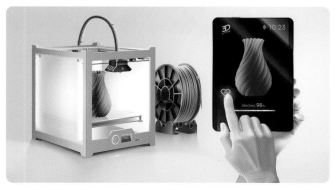

3D 프린터

3D 프린팅 집

3D 프린팅 자동차

5세 이상

페이퍼 콘인형 만들기

직접 만든 옷과 장신구로 페이퍼 콘인형을 만들어보면 어떨까요? 종이컵과 종이,
그리고 색연필만 있으면 뚝딱 만들 수 있는 페이커 콘인형의 세계로 들어가 봅시다.

메이커 놀이를 준비해요!

🤖 목표
종이컵을 이용해 나만의
페이퍼 콘인형 만들기

🤖 준비물
종이컵(중), 종이컵(소), 색연필, 싸인펜,
가위 또는 칼, 풀, 스티커 색종이(무늬가
있는 것과 없는 것), A4용지

🤖 주의사항
집에 있는 종이컵 활용하기

🤖 연관 교육과정
3학년 미술 ▶ 5단원 : 나는야, 디자이너 ▶
디자인이 궁금해
5학년 실과 ▶ 5단원 : 가정생활과 생활 안전 ▶
옷입기와 의생활예절

이 놀이는

종이컵을 활용해 자신이 직접 디자인한 의상으로 갈아입을 수 있는 인형을 만드는 페이퍼 콘인형 만들기 놀이예요.
서로 다른 크기의 종이컵을 결합하여 인형의 몸을 만들고, 각각 다르게 디자인된 의상이나 장신구를 결합하여 새로
운 의상의 인형을 만들어 봄으로써 "결합하기"라는 사고 방법을 사용한 메이커 놀이라고 할 수 있어요.

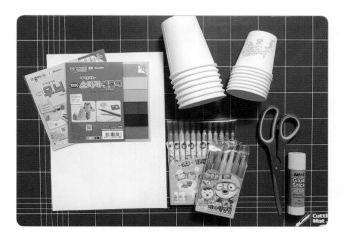

❶ 종이컵(중), 종이컵(소), 색연필, 싸인펜, 가위 또는 칼, 풀, 스티커 색종이(무늬가 있는 것과 없는 것), A4 용지를 준비해요.

❷ 부록에 있는 예시 자료를 참고해 큰 종이컵에 다양한 의상을 그려 색칠하거나 스티커 색종이를 이용해 의상을 만들어 줍니다.

❸ 의상을 만들 때는 상의와 하의를 구분할 수 있도록 색깔이나 무늬를 달리하거나 벨트 등의 장신구를 활용합니다.

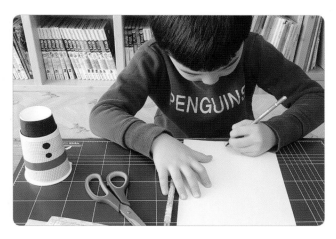

❹ 작은 종이컵을 반으로 잘라 머리를 만들고, 다양한 헤어스타일과 표정을 가진 인형의 얼굴을 만들어 줍니다.

5 머리 위에 씌어줄 모자나 왕관 등의 장신구를 만 듭니다. 이때 종이컵의 크기를 고려해 만들어야 합니다.

6 만들 수 있는 다양한 가짓수의 인형을 완성하고, 친구 또는 가족과 함께 인형 놀이를 해봅니다.

놀이 Tip!

꼭 종이컵을 활용하지 않아도 됩니다. 콘 모양으로 종이를 오려서 둥글게 말아 인형을 완성해도 좋습니다. 여러 가지 의상을 만들어 친구들과 재미있는 인형 패션쇼를 해보세요.

Special
Page

우리 엄마도 즐겨한
종이 인형의 패션 속으로!

우리나라에 처음 종이 인형이 들어온 것은 1970년대 후반이라고 합니다. 그 당시 여자 친구들에게 선풍적인 인기를 끌며 문구점이라면 반드시 있어야 하는 아이템이었다고 해요. 많은 친구들에게 인기가 있는 종이 인형의 매력은 무엇일까요? 바로 다양한 디자인의 옷이나 장신구 중에서 자신이 원하는 것으로 얼마든지 오려서 입힐 수 있고, 또 금방 바꿀 수도 있기 때문일 것입니다. 종이를 재료로 하기 때문에 가격도 비싸지 않을 뿐 아니라 가위만 있으면 누구나 쉽게 만들 수 있어 남녀노소 누구에게나 인기가 있지요. 엄마, 아빠와 함께 종이 인형 놀이를 해보면 어떨까요?

PAPER
DOLL

SECTION 8 날아가는 새 오토마타

오토마타는 태엽을 감거나 손잡이를 돌리면 이에 연결된 인형이나 장난감이 스스로 움직이는 기계를 말합니다. 새 오토마타를 만들어 날아가는 모습을 표현해봅시다.

메이커 놀이를 준비해요!

🤖 목표
빨대, 나무젓가락 등을 이용해
날아가는 새 오토마타 만들기

🤖 준비물
종이 상자, 빨대, 나무젓가락,
두꺼운 도화지, 테이프, 가위, 칼,
색연필, 싸인펜

🤖 주의사항
칼 사용 시 다치지 않게 조심하기

🤖 연관 교육과정
5학년 실과 ▶ 4단원 : 생활과 기술 ▶
기술과 발명의 관계
5학년 미술 ▶ 2단원 : 소통과 디자인 ▶
디자인으로 기능과 아름다움을

이 놀이는

빨대와 나무젓가락 등을 이용해 오토마타를 만들어 움직여 봄으로써 오토마타의 작동 원리에 대해 알 수 있습니다. 손잡이를 돌리는 회전 운동이 새가 위, 아래로 움직이는 상하 운동으로 바뀌는 공학적, 과학적 원리를 알 수 있는 재미있는 메이커 놀이지요.

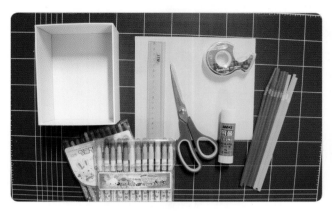

❶ 종이 상자, 빨대, 나무젓가락, 두꺼운 도화지, 테이프, 가위, 칼, 색연필, 싸인펜 등을 준비합니다.

❷ 부록에 있는 새 도안을 이용하거나 또는 본인이 직접 새 모양을 디자인합니다.

❸ 새를 오려서 보기의 사진처럼 입체적인 새의 모양으로 만듭니다.

❹ 가운데 빨대는 새의 몸통에, 양쪽 빨대는 각 날개에 테이프를 이용해 붙입니다.

❺ 종이 상자의 위쪽과 좌, 우 양쪽에 빨대를 넣기 위한 구멍을 뚫습니다.

❻ 만들어 놓은 새의 가운데 빨대를 종이 상자의 위쪽 구멍 속으로 넣고, 양쪽 빨대는 가운데 빨대 옆 상자 위에 붙입니다.

❼ 빨대를 이용해 손잡이의 회전 운동을 새의 상하운동으로 바꿔줄 캠을 만듭니다. 빨대 속에 나무젓가락을 넣어 잘 구부러지지 않도록 해주세요.

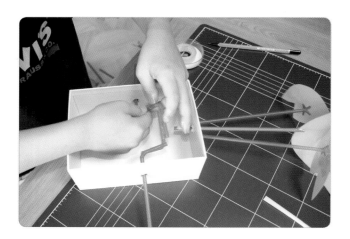

❽ 빨대를 그림에 보이는 것처럼 연결하고 새에 연결된 빨대와도 연결해줍니다.

❾ 손잡이를 돌려 오토마타가 잘 작동하는지 확인합니다.

상자에 구멍을 뚫을 때 빨대의 크기보다 아주 약간 크게 뚫어 주면 지지를 해주면서도 부드럽게 움직일 수 있습니다.

오토마타

자동기계 또는 오토마타는 스스로 동작하는 기계를 뜻합니다. 자동기계의 개념은 기원전부터 있었으며 현대의 로봇에도 영향을 미쳤다고 볼 수 있습니다. 18세기를 오토마타의 전성기라고 하는데 대표적인 작품이 스위스의 자크 드로스가 만든 글 쓰는 소년 인형이라는 것입니다. 겉으로는 조금 투박해 보이지만 태엽과 톱니를 이용해 눈을 깜박이고, 머리를 끄덕이며, 손을 움직여 탁자에 놓인 종이 위에 글씨를 쓸 수도 있었다고 해요.

유럽뿐 아니라 에도 시대(1603~1867) 중기 일본에서도 유럽의 오토마타를 본 따 카라쿠리라는 자동인형을 만들어 냈습니다. 그중에서 대표적인 것이 바로 차 나르는 인형입니다. 주인이 태엽을 감아 인형의 손 위에 찻잔을 올려놓으면 인형은 손님을 향해 나아갑니다. 손님이 찻잔을 들면 그 자리에 멈추고 다 마신 찻잔을 손 위에 올려놓으면 이번에 뒤로 돌아 주인에게 돌아온다고 합니다. 여러분도 새 오토마타뿐 아니라 여러분만의 오토마타 작품을 만들어 보면 어떨까요?

SECTION 9 동물 퍼즐 만들기

퍼즐을 맞춰본 적이 있나요? 그런데 퍼즐 조각을 직접 만들어야 한다면 어떻게 해야 할까요? 클레이로 직접 조각 퍼즐을 만들고 각 조각 퍼즐을 조합하여 동물을 완성해봅시다.

메이커 놀이를 준비해요!

🤖 목표
클레이로 퍼즐 조각을 만들어
동물 인형 퍼즐 완성하기

🤖 준비물
다양한 색깔의 클레이,
동물 퍼즐 디자인 활동지(부록)

🤖 주의사항
신문지나 찰흙판을 바닥에 깔고 클레이 작품 만들기

🤖 연관 교육과정
5학년 실과 ▶ 4단원 : 생활과 기술 ▶ 창의적인 생활용품 만들기
3학년 미술 ▶ 1단원 : 미술과 만나요 ▶ 찰흙과 다양한 재료로
양감이 드러나게 만들기

 ## 이 놀이는

동물의 모습을 전체와 부분으로 나눠 각각 디자인하고, 각 부분을 클레이로 만든 후 조합하여 전체를 완성하는 동물 인형 완성하기 놀이예요. 전체를 각 부분으로 나누는 과정에서 문제 분해를 경험하고, 각 부분이 모여 하나가 되기 위해 어떤 부분을 생각해야 하는지 고민하는 과정에서 사고력을 키울 수 있는 메이커 놀이라고 할 수 있어요.

❶ 다양한 색깔의 클레이와 찰흙판(또는 신문지)을 준비합니다.

❷ 예시 자료를 참고하여 어떤 동물을 완성하고 싶은지 동물 퍼즐 디자인 활동지(부록)에 그려 보세요.

❸ 디자인한 대로 각 부분을 클레이로 만듭니다.

❹ 각 부분을 만들 때 연결되는 부분이 서로 잘 결합될 수 있도록 합니다.

❺ 완성한 각 부분이 결합하여 입체 퍼즐처럼 설 수 있도록 잘 말립니다.

❻ 단단하게 굳어진 각 부분을 결합하여 동물 인형을 완성합니다.

놀이 Tip!

동물 퍼즐 디자인 활동지를 그릴 때 이 놀이에 사용되는 동물 인형이 입체임을 잘 생각하여 디자인하도록 하고, 각 부분들이 잘 맞아야 연결될 수 있음을 꼭 기억하세요.

퍼즐의 역사

일반적으로 우리가 많이 하는 퍼즐을 직소 퍼즐이라고 합니다. 이때 직소는 '실톱'을 뜻하는 말로 실톱으로 잘라서 만들었다 하여 붙여진 이름입니다. 직소 퍼즐의 근원을 정확하게 알기는 어렵지만, 1700년대 중반, 영국에서 어린이들의 지능 개발을 위한 교육용 교구로 탄생했다 전해집니다. 이후 1930년대에 들어 제지 기술의 발달은 실톱으로 나무를 잘라 만들던 기존의 방식에 큰 변화를 가져옵니다. 두꺼운 판지를 프레스로 눌러서 잘라내기 시작했고, 이는 대량 생산으로 이어질 수 있었습니다. 또한 평면의 네모난 직소 퍼즐에서 벗어나 원형 직소 퍼즐, 3D 입체 직소 퍼즐 등 다양한 모양의 직소 퍼즐이 오늘날까지도 널리 사랑받고 있습니다. 여러분도 직접 만든 동물 퍼즐로 신나게 퍼즐 놀이를 해보면 어떨까요?

손가락 인형과
함께 하는 숫자 놀이

집에서 사용하지 않는 목장갑으로 폭신폭신한 손가락 인형을 만들어 봅시다.
완성된 손가락 인형을 가지고 1부터 10까지 수 세기 놀이도 해보세요!

메이커 놀이를 준비해요!

목표
목장갑을 활용해 손가락 인형을
만들어 수 세기 놀이하기

준비물
목장갑, 솜이나 휴지, 스티커, 고무줄,
꾸밀 재료(눈알 등), 목공풀 또는 글루건,
디자인 활동지(부록)

주의사항
글루건을 사용한다면 부모님의 도움 받기

연관 교육과정
1학년 1학기 수학 ▶ 1단원 : 9까지의 수 ▶
수놀이를 해요.
5학년 실과 ▶ 4단원 : 생활과 기술 ▶
창의적인 생활용품 만들기

 이 놀이는

사용하지 않는 목장갑을 이용해 손가락 인형을 만들어 보는 놀이예요. 다 만들어진 손가락 인형에 숫자 스티커를
붙이고 수 세기를 놀이를 하면서 자연스럽게 셈하기 공부도 할 수 있는 교과 연계 메이커 놀이라고 할 수 있어요.

❶ 목장갑, 솜이나 휴지, 스티커, 고무줄, 꾸밀 재료 (눈알 등), 목공풀 또는 글루건을 준비합니다.

❷ 솜이나 휴지, 포장용 종이 등을 목장갑 속으로 넣어주세요. 장갑이 통통해질 때까지 넣습니다.

❸ 솜이나 휴지를 다 넣었다면 장갑의 입구 부분을 고무줄이나 끈으로 단단하게 묶어주세요.

❹ 디자인 활동지(부록)에 어떻게 꾸밀지 간단하게 구성하여 그리고, 꾸밀 재료를 활용해 손가락 인형을 꾸며주세요. 글루건을 이용해 인형의 눈을 붙여줘도 좋습니다.

❺ 두꺼운 도화지를 이용해 입이나 코 등을 만들어 줍니다.

❻ 스티커에 숫자 1부터 10까지 씁니다.

❼ 손가락마다 스티커를 순서대로 붙여줍니다.

❽ 완성한 손가락 인형을 가지고 친구와 함께 수 세기 놀이를 해보세요.

장갑 끝을 고무줄이나 끈을 사용하지 않고 바느질로 봉합할 수도 있습니다. 아이의 발달 단계 또는 연령에 따라 다양한 방법으로 인형을 만들어 보세요.

사람들의 오랜 친구, 인형

사람의 모습을 하고 있는 작은 형상, 이를 우리는 '인형'이라고 합니다. 인형이 언제부터 만들어졌는지 정확하게 알 수는 없지만, 인류가 생활을 시작한 이래 인형과 함께 해왔다고 보아도 무방할 것입니다. 돌이나 흙, 나무, 종이, 구슬 등 주변에서 쉽게 구할 수 있는 다양한 재료로 인형을 만들어 왔습니다. 이렇게 만들어진 인형은 어린이들이 가지고 노는 장난감 또는 친구의 역할을 하였을 뿐 아니라 과테말라의 걱정 인형처럼 사람들이 걱정을 털어놓거나, 심리적 안정을 찾는 데 도움을 주는 특별할 역할을 하기도 합니다. 여러분들도 나만의 걱정 인형을 만들어 좋은 친구가 되어 보면 어떨까요?

고대의 점토 인형

행운을 상징한다는
러시아의 마트료시카 인형

과테말라의 걱정 인형

일본의 코케시 인형

7세 이상

SECTION 11

움직이는 그림 만들기

움직이는 그림을 본 적이 있나요? 길이가 서로 다른 몇 개의 막대를 핀으로 연결하여
일정한 운동을 반복하도록 함으로써 널뛰기하며 움직이는 사람의 모습을 표현해봅시다.

메이커 놀이를 준비해요!

목표
막대와 핀을 활용해 널뛰기하는
사람 그림 만들기

준비물
인형 및 널빤지 도안(부록), 가위 또는 칼,
송곳, 풀, 할핀, 색연필, 두꺼운 종이
(하드보드지 또는 우드락)

주의사항
가위나 칼 사용 시 다치지 않게 조심하기

연관 교육과정
6학년 실과 ▶ 4단원 : 발명과 로봇 ▶
창의적인 제품을 만들어 보아요
4학년 미술 ▶ 4단원 : 움직이는 장난감 ▶
움직이는 장난감 만들기

이 놀이는
할핀과 막대 종이를 활용해 사람이 움직이는 듯한 그림을 만드는 놀이예요. 주요한 움직임이 있는 부분과 여기에
연결된 부분들이 덩달아 회전운동 또는 왕복 운동을 하게 되는 링크 장치의 원리를 이용한 것으로 움직이는 그림
만들기를 통해 공학적, 과학적 원리를 체험할 수 있는 재미있는 메이커 놀이입니다.

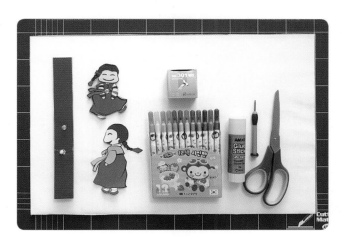

❶ 인형 및 널빤지 도안(부록), 가위 또는 칼, 송곳,
풀, 할핀, 색연필, 두꺼운 종이(하드보드지 또는 우
드락) 등을 준비합니다.

❷ 부록에 있는 사람 인형과 널빤지 도안을 오리고,
두꺼운 종이에 풀 또는 테이프를 사용해 붙여 단
단하게 만듭니다.

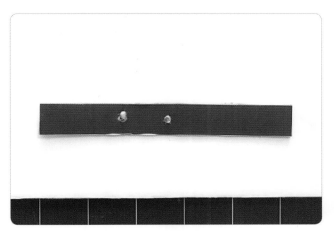

❸ 바탕이 되는 두꺼운 종이 위에 널빤지를 올리고,
중앙에 할핀을 꽂아 고정합니다.

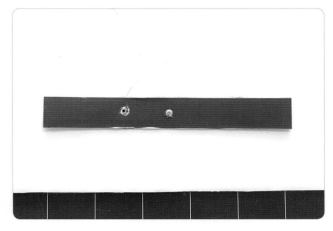

❹ 중앙에서 5cm 정도 지점에 구멍을 뚫고, 연필을
꽂아 널빤지가 움직이는 반경을 연필로 표시하고,
칼로 오려냅니다.

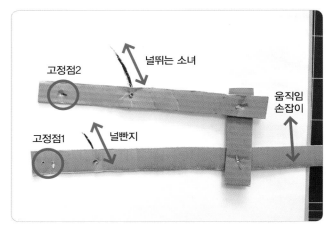

5 널빤지 위에 널뛰는 소녀 중 한 명을 그림과 같이 위치시켜 할핀으로 고정해줍니다. 소녀 역시 움직이는 반경을 칼로 오려냅니다.

6 바탕이 되는 두꺼운 종이의 뒷면의 모습은 그림과 같습니다. 움직임 손잡이를 위·아래로 움직이면 널뛰는 소녀와 널빤지 역시 위·아래로 움직입니다.

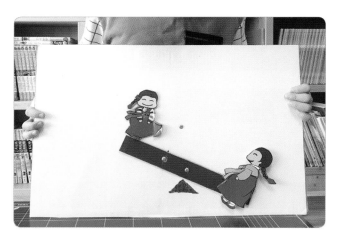

7 남은 널뛰는 소녀는 널빤지의 오른쪽에 풀 또는 테이프를 이용해 붙입니다.

8 움직임 손잡이를 움직여 신나게 널뛰기를 하는 움직이는 그림을 완성합니다.

서로 연결된 부분이 자연스럽게 움직일 수 있도록 하세요.

링크 장치란?

기계들이 움직일 때는 기계가 자연스럽게 움직일 수 있도록 도와주는 여러 가지 장치가 있습니다. 링크 장치 역시 이런 장치 중 하나로 길이가 서로 다른 몇 개의 막대를 핀으로 연결하면, 주동절의 운동에 따라 종동절이 회전 운동이나 왕복 운동 등 일정한 운동을 할 수 있도록 한 것입니다. 링크 장치는 열 가지 운동을 하게 할 수 있어 기계의 각 부분에서 동력이나 운동이 전달되도록 하는데 널리 사용됩니다.

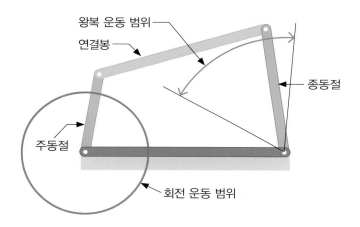

3절 링크(고정 링크)는 연결된 막대가 고정되어 움직이지 않는 것입니다. 지붕틀이나 송전 철탑 등에 사용됩니다. 4절 링크(구속 링크)는 한 개의 링크를 고정하면 다른 링크가 일정한 운동을 하는 것입니다. 기계 장치에서는 4절 링크 장치를 많이 사용합니다. 5절 링크(불구속 링크)는 한 개의 링크를 고정해도 다른 링크가 자유롭게 움직일 수 있는 링크입니다. 이런 링크의 원리를 이용해 다양한 움직이는 그림 작품을 만들어 보면 어떨까요?

| 3절 링크 | 4절 링크 | 5절 링크 |

7세 이상

SECTION 12 추억의 뽑기 기계 만들기

돈을 넣고 돌리면 무작위로 상품이 나오는 뽑기 게임을 직접 만들어서 해볼 수 있다면
정말 재미있을 겁니다. 뱅글뱅글 돌려서 내가 가장 좋아하는 선물을 뽑아보세요.

메이커 놀이를 준비해요!

🤖 목표
종이 박스, 휴지심 등을 이용해
뽑기 기계 만들기

🤖 준비물
종이 박스, 휴지심 또는 원통의
종이 상자나 플라스틱 컵, 투명 필름,
시트지, 가위, 칼 등

🤖 주의사항
칼 사용 시 다치지 않게 조심하기

🤖 연관 교육과정
5학년 실과 ▶ 4단원 : 생활과 기술 ▶ 창의적인
생활용품 만들기
3학년 미술 ▶ 3단원 : 생활 속에서 미술을 만나요 ▶
쓸모있고 아름답게

이 놀이는
주변에서 쉽게 구할 수 있는 재료로 추억의 게임 기계인 뽑기 기계를 만들어 봄으로써 무작위로 선물이 선택되어
나오는 뽑기의 원리를 알 수 있습니다. 생활 속 다양한 물품을 스스로 만들어 볼 수 있는 재미있는 메이커 놀이이지요.

❶ 종이 박스, 휴지심 또는 원통의 종이 상자 또는 플라스틱 컵, 투명 필름, 시트지, 가위, 칼 등을 준비합니다.

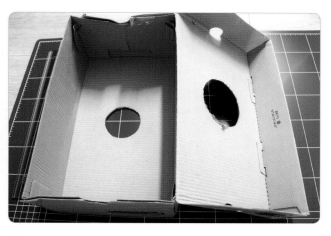

❷ 뽑기 기계에서 손으로 잡고 돌릴 원통 모양의 손잡이가 들어갈 수 있게끔 가운데에 구멍을 뚫어 줍니다.

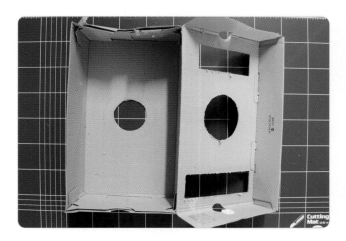

❸ 뽑기 기계의 앞면에 위, 아래로 사각형 모양의 구멍을 뚫어줍니다. 위는 어떤 상품이 들어있는지를 볼 수 있는 창이며, 아래는 뽑은 상품이 나오는 곳입니다.

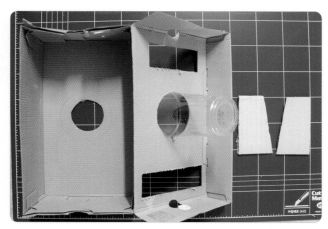

❹ 원통 모양의 손잡이 양옆으로 상품이 빠져나오지 못하게 막을 가림막을 종이 상자에서 잘라줍니다.

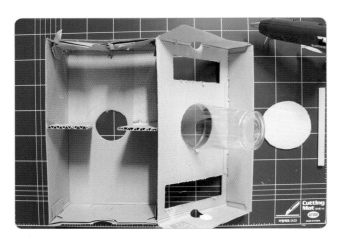

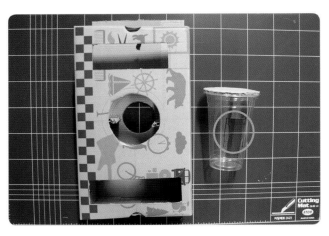

⑤ 자른 가림막을 뽑기 기계 속 물건들이 아래로 향하면서도 밖으로 나오지 못하도록 위의 그림처럼 안쪽을 막아줍니다. 그리고 원통의 손잡이의 앞 역시 상품이 보이지 않도록 가림막 원을 잘라서 붙여줍니다.

⑥ 원통의 손잡이 가운데는 사탕 등과 같은 물건들이 빠져나올 수 있는 크기만큼 잘라줍니다.

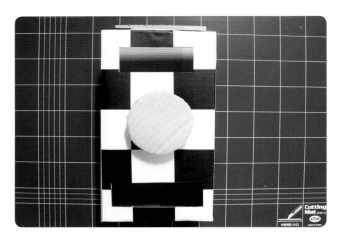

⑦ 시트지를 이용해 뽑기 기계를 예쁘게 만들어 줍니다.

8 위의 창에 투명 필름을 붙여주고, 원통의 손잡이를 돌려 뽑기가 잘 되는지 확인합니다.

9 뽑은 상품은 맛있게 먹습니다.

놀이 Tip!

휴지심이나 원통의 손잡이는 뽑기 기계의 너비보다 약간 더 길게 잘라주어 손잡이처럼 사용할 수 있도록 합니다.
또한 너무 꽉 끼지 않도록 하여 고정이 되면서도 부드럽게 돌아갈 수 있도록 크기를 잰 후 자르도록 합니다.

추억의 뽑기

옛날 어른들은 동네 문구점이나 작은 가게에서 이런 뽑기 놀이를 많이 했습니다. 뽑기는 말 그대로 무엇이 걸릴지 알 수 없는 확률 게임이라고 할 수 있지요. 뽑았을 때 꽝이 나와 아무 것도 받지 못할 수도 있고, 사탕이나 인형과 같은 선물이 당첨될 수도 있습니다. 여러분이 만든 뽑기 기계처럼 기계의 버튼을 누르거나 손잡이를 돌려 무작위로 나오는 물건이나 사탕을 선물처럼 가져가기도 합니다. 놀이로 즐길 수 있는 물건을 직접 만들어 해볼 수 있다는 것. 그것이 바로 메이커가 주는 기쁨과 보람이라고 할 수 있지요. 뽑기 기계 말고도 여러분이 직접 낸 아이디어로 멋진 놀이를 만들어 보면 어떨까요?

여러 가지 옛날 뽑기 모습

부록

혼자서도 할 수 있는
메이커 놀이 정보
메이커 사이트 소개

영메이커 (https://www.youngmaker.or.kr)

어린이들을 위한 참여형 메이커 커뮤니티로 과학세상, 기술 세상, 공학 세상, 예술 세상, 수학 세상이라는 5가지 주제분야별 세상에서 전문가들의 DIY 영상을 보고 여러 가지 지식을 배워나가고 스스로 프로젝트를 기획해 만들어 봄으로써 자신감과 창의력을 키울 수 있습니다.

메이크올 (https://www.makeall.com/)

한국과학창의재단에서 메이커 운동의 활성화를 위해 만든 커뮤니티로 공동작업을 위한 온라인 오픈 프로젝트를 운영하고 있으며, 메이커 활동과 관련된 국내 행사, 교육 프로그램 정보를 제공하고 있습니다. 또한, 메이커들의 다양한 프로젝트 매뉴얼을 카테고리에 따라 제공하고 있습니다.

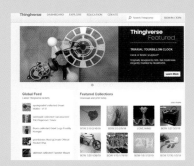

씽기버스 (https://www.thingiverse.com/)

3D 프린팅 파일 공유 사이트로 해외에서 가장 규모가 큰 3D 프린팅 커뮤니티입니다. 사용자들이 직접 모델링한 3D 모델링 파일을 업로드하고, 다른 사람들의 작품을 다운로드받을 수 있는 디지털 모델 공유 웹 사이트라고 할 수 있습니다. 4D 모델링을 할 줄 몰라도 3D 프린터로 흥미로운 작품들을 출력하는 것이 가능합니다.

인스트럭터블 (https://www.instructables.com/)

MIT랩에서 만든 DIY 프로젝트나 아이디어를 공유하려는 사람들을 위한 온라인 커뮤니티입니다. ICT 제품뿐 아니라 음식이나 공예품과 같이 다양한 창의적인 아이디어와 프로젝트를 공유합니다. 무엇이든 만들고 싶어 하는 모든 사람들을 위한 아이디어 및 프로젝트 공유 사이트라 볼 수 있습니다.

 **부록 05**

SECTION 01 다음의 도안을 오려서 북 치는 인형을 만들어 봅시다.

SECTION 01 북 치는 인형의 모습을 직접 디자인해봅시다.

SECTION 02 레고로 만든 작품을 참고하여 나만의 디자인을 그려보세요.

참고 작품	나만의 디자인

● 선을 따라 오려서 사용하세요.

SECTION 04 LED 팝업북 도안을 오리고 만들어 봅시다.

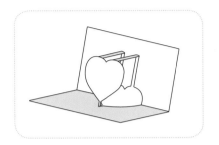

―― 잘라주세요.
- - - 접어주세요.

SECTION 04 직접 LED 팝업북을 위한 도안을 그리고 오려봅시다.

● 선을 따라 오려서 사용하세요.

SECTION 07   도안을 색칠하고 오려 콘인형을 만들어 봅시다.

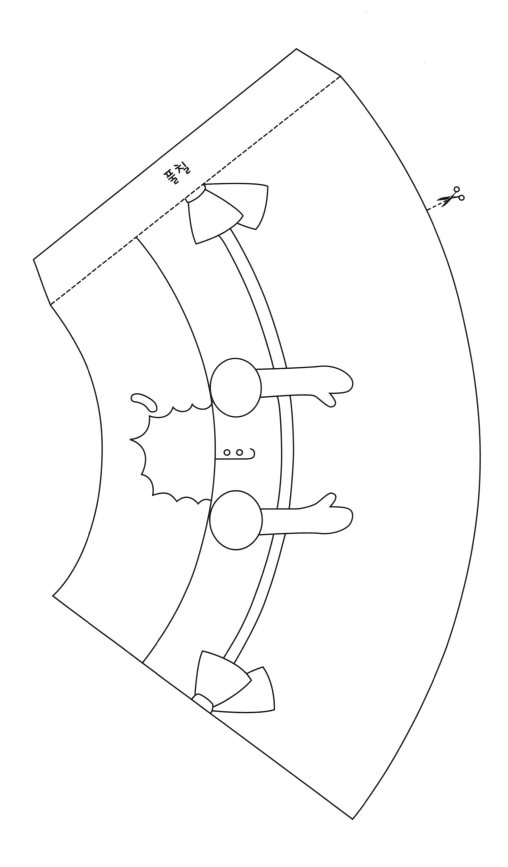

● 선을 따라 오려서 사용하세요.

SECTION 07 도안을 색칠하고 오려 콘인형을 만들어 봅시다.

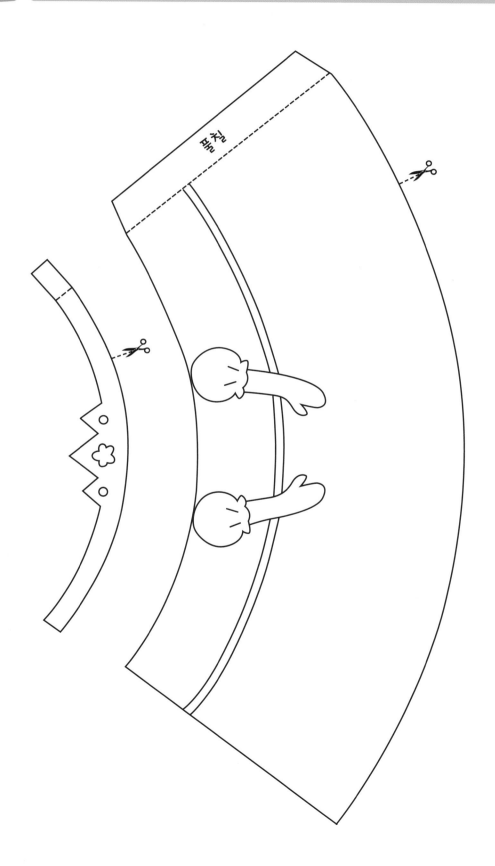

● 선을 따라 오려서 사용하세요.

SECTION 07   도안을 색칠하고 오려 콘인형을 만들어 봅시다.

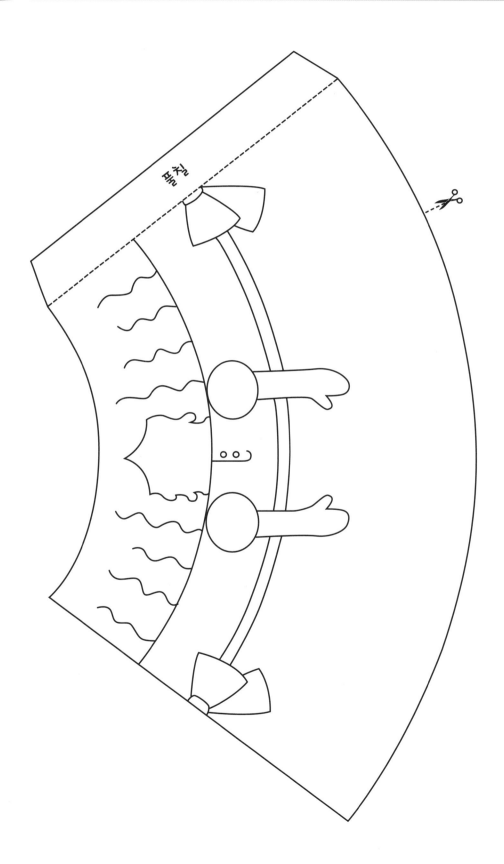

● 선을 따라 오려서 사용하세요.

SECTION 07 도안을 색칠하고 오려 콘인형을 만들어 봅시다.

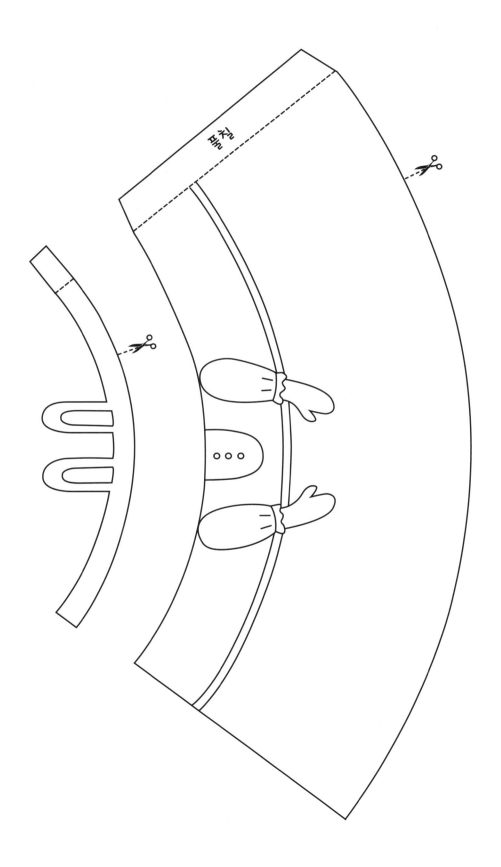

부록 14

● 선을 따라 오려서 사용하세요.

SECTION 08 다음의 도안을 오려서 오토마타를 만들어 봅시다.

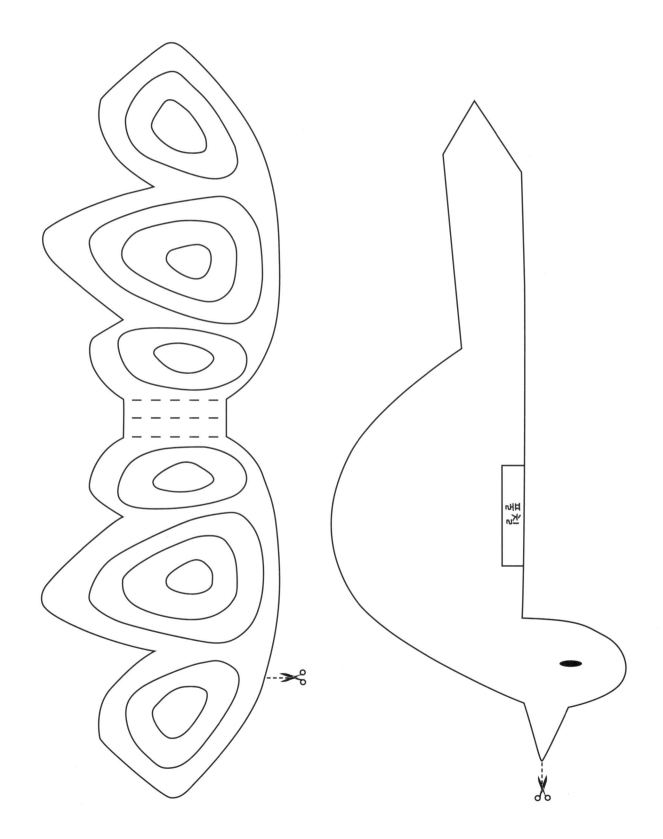

부록 15

SECTION 08 나만의 새를 디자인해봅시다.

SECTION 09 참고 작품을 보고 나만의 디자인을 꾸며보세요.

참고 작품

나만의 디자인 1단계 : 전체 모양을 그려주세요.

부록 17

나만의 디자인 2단계 : 각 연결 부위를 고려하여 부분으로 나눠주세요.

나만의 디자인 3단계 : 각 부분의 색깔을 결정해주세요.

부록 18

SECTION 09

혼자 힘으로 디자인하기 어려운 친구들은 다음 도안을 색칠하고,
그 도안대로 작품을 만들어 봅시다.

부록 19

SECTION 09 혼자 힘으로 디자인하기 어려운 친구들은 다음 도안을 색칠하고,
그 도안대로 작품을 만들어 봅시다.

부록 20

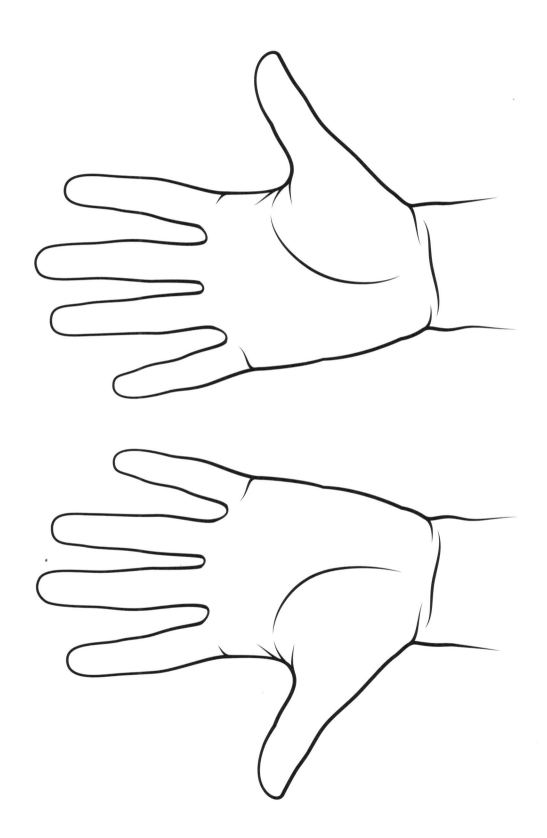

부록 21

손가락 인형을 어떻게 꾸밀지 생각해봅시다.

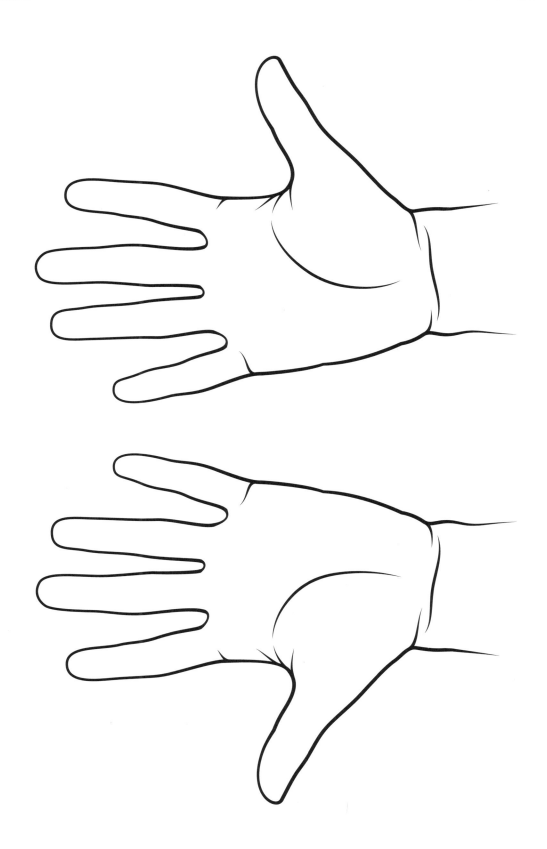

● 선을 따라 오려서 사용하세요.

SECTION 11 다음의 도안을 오려서 널뛰는 사람과 널빤지를 완성해봅시다.

◀ 널빤지

SECTION 12 나만의 뽑기 기계에 멋진 이름을 붙여 주세요.

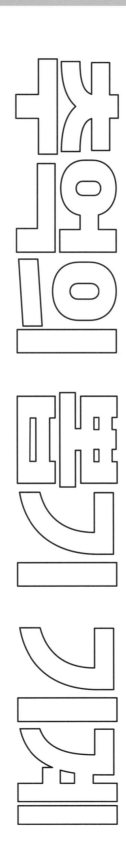

부록 24

SECTION 12 나만의 뽑기 기계 이름표를 디자인해봅시다.